AF487681

EL CAMPAMENTO

Un lugar para aprender a servir al Señor
y crecer junto con el otro.

Estela Miserere de Bardiz

Ediciones Crecimiento Cristiano

Primera edición: 01/04/2002
I.S.B.N. 978-950-9596-84-9
Ediciones Crecimiento Cristiano es una Asociación Civil
sin fines de lucro dedicada a la enseñanza del mensaje evangélico
por medio de la literatura.

Diseño de tapa: Ana Ruth Santacruz
Impreso en los talleres de

Córdoba 419 - Villa Nueva - Cba. - Argentina
+54 9 353 491-2450
+54 9 353 481-0724
oficina@edicionescc.com
www.edicionescc.com
Ediciones Crecimiento Cristiano
edicionescc

IMPRESO EN ARGENTINA   **EC4**

Índice

Agradecimientos a:

José Young, por su paciencia y sabiduría relacionadas con el ministerio de escribir.

Alejandra Bonino, por sus correcciones al original.

Fausto Ré y su esposa Iris, mis primeros maestros, quienes me enseñaron a amar el trabajo relacionado con los campamentos, además de guiarme espiritualmente a través de mi vida.

Mi iglesia que siempre me apoya en oración cada vez que sirvo al Señor a través de los campamentos.

Nora de Zandrino, por compartir mi visión y darme su apoyo permanente.

Las iglesias de Villa María, por confiar en mí y permitirme participar en tantos campamentos, como asesora pedagógica espiritual o coordinadora de Estudios Bíblicos.

LAPEN, que me aceptó como maestra de campamentos a los catorce años y me estimuló a continuar superándome.

Todos los que fueron mis alumnos y compañeros de equipo junto a los cuales aprendí mucho.

Introducción

Este manual es el fruto de la experiencia recogida a través de los años, asesorando en la organización y realización de campamentos en distintos lugares del país, para personas de edades y características diferentes: niños, adolescentes, jóvenes, señoras, personas con necesidades y capacidades especiales, etc.

Lo titulamos "El campamento, un lugar para servir al Señor y crecer junto al otro", por las siguientes razones:

⇨ El campamento es un lugar muy apropiado para aprender en forma práctica a servir de diferentes maneras al Señor, despojándonos de nuestro egoísmo natural, como así también a ser solidarios con el otro, por el tipo de tareas que se realizan.

Al cambiar el ambiente cotidiano, no sentir las presiones que se ejercen sobre nosotros, estamos dispuestos a que el Señor nos hable, escuchar su voz y obedecerle.

⇨ Así mismo las experiencias de tipo espiritual y momentos especiales vividos en forma personal y en grupo posibilitan crecer y enriquecernos junto con el otro.

Todo esto, deja huellas profundas, imborrables en quienes asisten, las cuales producen grandes cambios; al concluir no se es la misma persona porque Dios hace maravillas en cada uno durante los días de campamento.

Por eso deseamos animarle a capacitarse y comenzar a trabajar en este ministerio. El Señor tiene preparadas grandes bendiciones para quienes participen como director, asesor pedagógico espiritual, director de recreación, líder, consejero, maestro, ayudante, cocinero, etc.

El campamento es un instrumento fundamental para que la iglesia cumpla con su ministerio de extender el Reino de Dios. De ahí la importancia que se organice adecuadamente esta actividad.

Este aporte, si bien no es original en su totalidad, trata de brindar una perspectiva y un enfoque del tema, que ayuden a clarificar los aspectos que analizan a continuación.

UNO
El campamento

Hay diferentes definiciones sobre qué es un campamento. Por eso tratamos de clarificar algunos conceptos fundamentales para evitar confusiones que interfieran en su organización.

En términos generales se engloba con el término "campamento" a todas las actividades que se realizan fuera de la zona urbana y que tienen duración de varios días. Son diferentes a las que realizamos en la Escuela Dominical u Horas Felices, y son organizadas en forma especial.

El campamento es una experiencia de convivencia en pequeños grupos, bajo la dirección de líderes capacitados.

Como consecuencia, no es un lugar de simple recreación, sino por el contrario, es una pausa en la vida cotidiana que permite tener:

⇨ Un encuentro con Cristo como Salvador y Señor.

⇨ Un reencuentro o renovación de nuestro compromiso con el Señor.

Todo esto se da en contacto con la naturaleza, que contrarresta en forma evidente la mala influencia del ámbito donde nos desenvolvemos. El mundo "normal" está contaminado por el uso indebido de la televisión, la radio y la realización de actividades cotidianas cada vez más numerosas que no nos permiten detenernos a pensar, o disfrutar de la vida al aire libre y de la recreación, tan importantes para nuestra salud física y espiritual.

El apartarse unos días nos permite despejar la mente. Posibilita movilizar cambios de actitudes, de hábitos, de conductas, estimulando el crecimiento y desarrollo espiritual.

El campamento es el lugar adecuado para aprender a aceptar al otro, respetar horarios, ser responsables, hacer uso adecuado de la libertad, aprovechar el tiempo para resolver situaciones, y tomar decisiones en forma personal y creativa.

Además, es un aprendizaje de servicio y compromiso.

Las experiencias que se viven tienen su impacto: la modificación de costumbres, la convivencia íntima con otros que no pertenecen al núcleo familiar, las situaciones que se deben enfrentar sin el apoyo de la familia. Todas estas experiencias son de importancia fundamental para el desarrollo integral de la personalidad cristiana de los campamentistas.

El campamento posibilita, a través de todas las actividades que se realizan, aprender el valor de:

⇨ Leer la Bíblia y orar diariamente para escuchar la voz de Dios.

⇨ Compartir experiencias, momentos de oración, canciones, estudios bíblicos, historias misioneras que dejan ejemplos concretos y útiles para la vida.

⇨ Formar parte de un grupo para el desarrollo personal.

⇨ Disfrutar la vida al aire libre en contacto con la naturaleza.

⇨ Compartir momentos de recreación donde se ponen de manifiesto las normas morales propias del cristiano.

Por la experiencia que se vive, el campamento es fundamental para la vida espiritual del que asiste. Cuando regresa no es la misma persona, si realmente ha tomado decisiones con respecto a Dios y Cristo.

Por eso hay limitaciones que son importantes tener presentes:

⇨ El poco tiempo que dura la actividad.

⇨ Lo no cotidiano de la vida que se lleva en el campamento. Por eso a veces resulta difícil poder aplicar lo aprendido al regresar al hogar.

⇨ La consideración errónea del acampante que, a veces, supone estar de vacaciones, y le cuesta aceptar las normas impuestas. Hay algunos que cada tanto cometen infracciones, lo que interfiere en el logro de los objetivos, y requieren un apoyo especial.

No decimos esto para desanimar a quienes deseen trabajar en este ministerio de la iglesia sino, todo lo contrario, es para que se lo tenga en cuenta cuando se planifique todo el programa de actividades. Esto les ayudará a superar las dificultades que surjan durante los días que dure el campamento y así lograr los objetivos esenciales fijados.

En síntesis:

⇨ El campamento permite experimentar vivencias profundas de tipo espiritual, personal y social.

⇨ Se debe organizar todo de manera que se ponga en práctica lo aprendido en los distintos momentos que hacen a la vida en el campamento.

⇨ Se trabaja con grupos pequeños, para posibilitar una atención personalizada de los integrantes.

⇨ Se requiere que el personal esté muy bien capacitado, para orientar a los grupos, conducir el campamento y realizar las tareas propias del mismo.

⇨ La mayoría de las actividades se realizan al aire libre, en medio de la creación de Dios, donde se evidencia con fuerza su poder, grandeza y señorío.

DOS

Tipos de campamento

Hay distintos tipos de campamento, según:

1 - El tiempo que dura.

2 - El lugar donde se realice.

3 - Las instalaciones.

4 - Las edades.

5 - La afinidad.

6 - La actividad específica que se tiene en cuenta para organizarlo.

1 - Según el tiempo que los acampantes permanecen en el lugar donde se realiza:

Jornada completa de cinco días:

El grupo de acampantes permanece todos los días que dura el campamento, y duermen en el lugar.

Una variación de este tipo de campamento es cuando los acampantes están desde *la mañana hasta el atardecer* y luego regresan a dormir a sus hogares. Es una buena alternativa cuando los padres no permiten a sus hijos quedarse a dormir en el lugar del campamento.

Media jornada:

Los acampantes asisten medio día y luego vuelven a su hogar.

Estos dos últimos casos son muy utilizados para chicos de las horas felices, cuando los padres no aceptan que sus hijos duerman en el lugar del campamento.

Retiros espirituales:

Poseen las mismas características del campamento, pero se diferencian por su duración; pueden ser de un día o un fin de semana.

2 - Según el lugar en que se realice:

Por ejemplo, en las montañas, en la playa cerca del mar o en zonas llanas. En cada situación el programa que se planifica varía para adaptarlo a las características de la zona.

3 - Según las instalaciones que se utilicen:

Se pueden realizar en:

✓ Carpas solamente, lo cual requiere una organización especial.

✓ Edificios con instalaciones adecuadas para esta actividad.

4 - Según la edad:

Campamentos para:

✓ Niños (7 a 11 años).

✓ Adolescentes (12 a 15 años).

✓ Jóvenes (16 a 25 años).

✓ Adultos.

5 - Según la afinidad de intereses o problemáticas:

✓ Mujeres (solteras o casadas).

✓ Hombres (solteros o casados).

✓ Familias.

✓ Personas con necesidades especiales (aunque en la actualidad se tiende cada vez más a la integración y no a la marginación, es decir, incluirlas en los otros campamentos).

✓ Pastores y líderes de la iglesia.

6 - Según la actividad específica que se tiene en cuenta para organizarlo:

✓ Evangelización.

✓ Capacitación.

✓ Restablecer vínculos entre matrimonios.

✓ Preparación de novios (que recién comienzan su noviazgo o están por casarse).

En el capítulo siguiente ofrecemos los lineamientos básicos para la organización de un campamento, aunque para cada tipo de campamento será necesario introducir las modificaciones pertinentes.

TRES

La planificación del campamento

Un campamento, por sus mismas características, es fundamental para la vida espiritual del acampante. De ahí la importancia que esté bien planificado, para evitar improvisaciones que sólo provocan pérdida de tiempo, desgaste de esfuerzos y recursos. Aunque de ninguna manera se deben desaprovechar circunstancias que puedan surgir y ser de valor en el desarrollo del campamento.

Defendemos el valor de planificar correctamente, porque a través de la lectura de la Biblia, observamos que Dios planificó todo, nada dejó al azar. La creación fue producto de un plan perfecto. Dios, cuando finaliza su tarea, la evalúa y queda satisfecho. "Y Dios vió que todo lo que había hecho estaba muy bien" (Génesis 1: 31).

Después prepara la llegada de Jesús, su nacimiento, su ministerio, su muerte redentora y su resurrección gloriosa. Ahora se acerca el final de su plan. Nada se realiza fuera de lo previsto por Dios, se van cumpliendo plazos, etapas, momentos establecidos por Él.

Comencemos, entonces, recordando el significado de algunos términos que son importantes tener en claro antes de comenzar la tarea. A veces cuesta definirlos, y esto nos lleva a cometer errores.

"Planificar" es simplemente hacer un plan. Significa el arreglo, distribución y ordenamiento de una tarea.

La planificación está apoyada por tres procesos importantes:

Prever

Analizar con anticipación todo lo que se desea realizar.

Seleccionar

Establecer qué es lo más importante y necesario, y lo que se debe descartar.

Organizar

Relacionar todo lo que se propone realizar.

Y también la planificación está apoyada por tres momentos fundamentales:

Diagnóstico

Implica hacer un análisis de todo lo relacionado con el campamento en lo que se refiere a recursos materiales, humanos, edad y número de los campamentistas, tiempo que durará, instalaciones con que cuenta, etc.

Programación

Aquí es cuando se determina qué se quiere hacer en relación a las actividades propias del campamento. Se refiere al tema general del campamento, lecciones, recreación, etc.

Elaboración del programa

El programa es la declaración de qué se va hacer, incluye todo lo referente al campamento. Se deja por escrito luego de ser aprobado por el equipo.

Para realizar una adecuada planificación del campamento es necesario constituir un grupo de trabajo que se encargará de organizar diferentes áreas. En la práctica, deben estar íntimamente relacionadas entre sí. Son las siguientes:

⇨ Administración.

⇨ Promoción.

⇨ Pedagógica-espiritual.

Veamos sintéticamente la función de cada una:

Área Administración:

Los responsables de esta área deben:

✓ Diagnosticar necesidades, evaluar recursos, realizar un inventario donde se detalle todo lo que pertenece al campamento, arbitrar los medios para reponer los elementos necesarios para su buen desenvolvimiento, ya sea relacionados con la cocina, el mantenimiento de las instalaciones, o la realización de todas las actividades propias de un campamento.

✓ Manejar los recursos económicos.

✓ Comprar los elementos necesarios.

✓ Programar el menú según el tipo de campamento o retiro.

✓ Organizar y coordinar los servicios para campamentos y retiros.

Área Promoción:

Los responsables de esta área deben:

- ✓ Difundir información sobre los tipos de campamentos para la temporada, los objetivos y fechas en que se realizarán, la duración y el lugar.

- ✓ Hacer conocer las necesidades, ya sean de recursos materiales o humanos.

- ✓ Elaborar un fichero de inscripción.

  Para lograr esto es necesario contar con una ficha de inscripción donde se incluyen los datos fundamentales del campamentista.

A continuación se sugieren algunos items importantes que debe incluir la ficha. Por ejemplo, si es para niños:

- ✓ Nombre y apellido.

- ✓ Edad y fecha de nacimiento.

- ✓ Número de hermanos (lugar que ocupa en el grupo de hermanos).

- ✓ Si padece de alguna enfermedad.

- ✓ Remedios que debe tomar y cómo debe hacerlo.

- ✓ Hábitos especiales para dormir.

- ✓ Elementos que debe llevar al campamento.

- ✓ Autorización por escrito de ambos padres, con firmas y número de documento.

No se debe permitir al acampante el ingreso al campamento si no se tiene esa ficha en orden, debidamente completada y archivada. La ficha le permitirá al director organizar los grupos de acampantes, según su edad y sexo, sin dificultad.

Area Pedagógica-espiritual:

Los responsables de esta área deben:

- ✓ Seleccionar y capacitar al equipo de cada campamento en lo que se refiere a las actividades, las características del acampante según su edad, el nivel socio-cultural al que pertenece, y sus posibles discapacidades.

- ✓ Orientar el trabajo de elaboración de material para el programa de educación cristiana, incluyendo alabanza, estudios bíblicos, lecciones bíblicas, talleres, historias misioneras. El material necesariamente se debe adecuar a los objetivos generales, de los cuales hablaremos más adelante.

- ✓ Velar por la coordinación del programa de recreación de manera tal que esté de acuerdo con el programa general y características del campamento.

CUATRO
La programación del campamento

En la planificación del campamento planteamos todo lo que incluirá el programa, es decir:

- ✓ Objetivos.

- ✓ Tema general.

- ✓ Actividades o momentos del día (los cuales se adaptarán a la edad, el número y tipo de campamentistas, el lugar donde se realizan).

- ✓ Programa de recreación.

- ✓ Duración del campamento.

- ✓ Equipo de trabajo.

- ✓ Organigrama.

- ✓ Cronograma de actividades propias del campamento.

- ✓ Organización en grupos del contingente de campamentistas.

- ✓ Reglamento general del campamento.

Antes de desarrollar los aspectos específicos de la planificación, queremos enfatizar lo siguiente:

El programa debe ser:

- ✓ Actualizado.

- ✓ Creativo (lo más original posible).

- ✓ Variado (incluir la mayor cantidad posible de actividades que puedan realizarse para mantener el interés de los campamentistas).

- ✓ Adaptado al grupo (en lo que se refiere al número, edad, necesidades y características).

Además debe posibilitar:

- ✓ Vivir experiencias importantes.

- ✓ Aprender a servir al Señor y al otro, compartir, testificar, tomar decisiones importantes.

✓ Estimular a la creatividad.

✓ Utilizar la afectividad como elemento importante para relacionarse con Dios.

✓ Enseñar en forma gradual y ordenada.

✓ Estimular a una auto-estima adecuada que evite conductas inadecuadas.

Vamos, entonces, a examinar los aspectos que se deben incluir en el programa.

Objetivos del campamento

Los objetivos son *los cambios* que esperamos se operen en el acampante. Es fundamental plantearlos, porque sin objetivos claros corremos el riesgo de no lograr resultados positivos.

Ellos dan la orientación que requiere la planificación, y sin ellos fácilmente nos desviamos de la meta del campamento.

La elaboración de los objetivos es lo primero que se debe realizar. Luego, se debe buscar el material que se empleará para devocionales, alabanza, lecciones o estudios bíblicos, historias misioneras, recreación, u otros materiales acorde al tipo de campamento o retiro.

Con objetivos claros, se pueden planificar actividades que son propias de todo campamento, como por ejemplo, la limpieza de las instalaciones e higiene de los campamentistas.

Los cambios que se esperan en el acampante deben ser considerados desde un punto de vista integral. A continuación señalamos las siguientes áreas que deben ser contempladas. Para cada campamento se seleccionará y se pondrá énfasis en algunos de los objetivos incluídos, de acuerdo con las necesidades y características de los acampantes.

Pensemos en primer lugar en los *objetivos generales* del campamento, y luego en los *específicos* de cada actividad (devocionales, períodos de alabanza, lecciones o temas, talleres, recreación, etc.).

Objetivos generales para las distintas áreas:

Área espiritual:

✓ Replantearse lo que sea necesario en su vida.

✓ Tomar decisiones en lo que se refiere a la vida espiritual y personal.

✓ Asumir un compromiso con el Señor en cuanto a la fidelidad para servirle y obedecerle.

✓ Comprender la importancia de la lectura de la Biblia para descubrir verdades fundamentales.

✓ Valorar la importancia del estudio bíblico sistemático.

✓ Interpretar el valor del momento devocional para el desarrollo y crecimiento espiritual.

✓ Valorar la importancia de la alabanza como medio de expresión de gratitud, adoración y testimonio.

Área Socio-emocional:

En lo que se refiere a lo personal:

✓ Descubrir limitaciones y posibilidades personales.

✓ Aceptar características personales, tratando de cambiar las negativas que impiden el crecimiento espiritual y personal.

✓ Respetar al otro.

✓ Asumir una actitud de colaboración.

✓ Aceptar la importancia de los hábitos para relacionarse con los demás y en el desempeño personal.

En lo que se refiere a lo social:

✓ Juzgar la importancia del apoyo mutuo.

✓ Asumir una actitud de colaboración y de compromiso con el otro.

✓ Juzgar la importancia del perdón, para mejorar las relaciones interpersonales.

Área recreación:

✓ Valorar la importancia de la recreación para su desarrollo y crecimiento personal.

✓ Reconocer la importancia de la vida en contacto con la naturaleza.

✓ Apreciar la creación como manifestación del poder y amor de Dios.

✓ Asumir el compromiso de proteger la naturaleza ejerciendo la mayordomía como cristiano.

Objetivos específicos:

Son los que se relacionan con cada devocional, momento de alabanza, tema o lección, y deben estar integrados con los generales. Los objetivos específicos posibilitan alcanzar los generales.

Se redactan en forma similar a los anteriores y deben reunir las siguientes características:

⇨ Ser concretos, es decir, tener una relación directa con el tema o actividad que se realiza.

⇨ Precisos, es decir, presentar con claridad el cambio que se espera en el acampante.

⇨ Evaluables. Deben estar redactados de manera tal que posibiliten verificar si se lograron. No deben ser demasiado numerosos, porque esto dificulta alcanzarlos en el poco tiempo que dura un campamento o retiro.

Unos ejemplos de objetivos específicos son los siguientes:

✓ Comprender qué significa ser hijo de Dios.

✓ Aceptar la situación de pecador.

✓ Aceptar a Cristo como Salvador.

✓ Aceptar el señorío de Dios y Cristo en su vida.

✓ Imitar a Cristo en lo que se refiere a servir al otro.

✓ Valorar la guía y compañía de Dios como Padre y del Espíritu Santo para superar situaciones que debemos enfrentar a diario.

Tema general del campamento:

El tema general se determinará de acuerdo con los objetivos generales del campamento, es decir, si es de *evangelización* o de *servicio cristiano*. Además se deberá tener en cuenta si es para niños, personas con necesidades y capacidades especiales, adolescentes, jóvenes, matrimonios, mujeres, hombres, etc.

El tema general sirve para dar sostén a los contenidos de todo el programa, es decir, las lecciones o estudios bíblicos, temas para talleres, exposiciones, historias misioneras, etc.

Programa de recreación:

La recreación es esencial para todo campamento, y es necesario programar correctamente todas las actividades que se realizarán. Deben ser variadas, de acuerdo con las necesidades de los campamentistas. La recreación ofrece un contexto para poner en práctica los valores aprendidos por medio de los temas desarrollados durante el campamento (devocionales, alabanza, lecciones, etc.).

Es importante que el director de recreación esté especializado y capacitado para coordinar esta tarea, ya que incluye deportes, caminatas, natación, juegos, fogones, competencias, etc. Todo se debe adaptar al grupo de manera tal que favorezca su integración, estimule la solidaridad y no la competitividad destructiva. Deberá brindar apoyo a los más inseguros y permitirles descubrir sus posibilidades, atender a la diversidad, es decir, si en el grupo hay algún integrante con una discapacidad, permitirle participar de manera tal que no se sienta excluído, sino, por el contrario, contenido por el grupo.

Actividades y momentos del día en el campamento:

Las actividades se adaptarán a los factores que hemos mencionado, como así también al lugar, a las instalaciones donde se realice el campamento, al número de asistentes, etc. Se debe, además, tener en cuenta las necesidades básicas de la persona que asiste como señalamos en el cuadro de la página siguiente.

Duración del campamento:

Hay que tener bien en claro cuanto tiempo durará el campamento, e indicar cuánto tiempo durará, desde el arribo al lugar hasta la finalización del mismo. Por ejemplo: desde martes a las 10:00 hasta el sábado a las 16:00. Y luego, de acuerdo con el tiempo disponible, distribuir el cronograma de todas las actividades.

Equipo de trabajo:

Es fundamental contar con personal de acuerdo con la cantidad de acampantes. Así se pueden evitar problemas, desorganización y superposición de tareas, que llevan al desgaste de tiempo y energías. El equipo de trabajo es imprescindible para lograr los objetivos propuestos, y requiere preparación espiritual y capacitación relacionadas con este ministerio.

Físicas	Socio-afectiva	Espirituales
Alimentación: Desayuno Almuerzo Merienda Cena **Carga y descarga de energías:** Períodos de actividades y de descanso, diurnos y nocturnos. **Higiene:** Formación de hábitos fundamentales.	**Recreación:** Juegos Deportes Excursiones Caminatas Tiempo libre Actividades estético-expresivas Talleres Fogones **Servicio al otro:** Limpieza Ordenamiento del campamento Servicio de las mesas Mantenimiento del campamento	Devocionales Aperturas (alabanza que lleve al grupo a la adoración e introducción al tema del día) Clases Estudios bíblicos (en pequeños grupos) Charlas Debates Proyección de visuales Historias misioneras Talleres Fogones de adoración y alabanza

CINCO

Organigrama del campamento

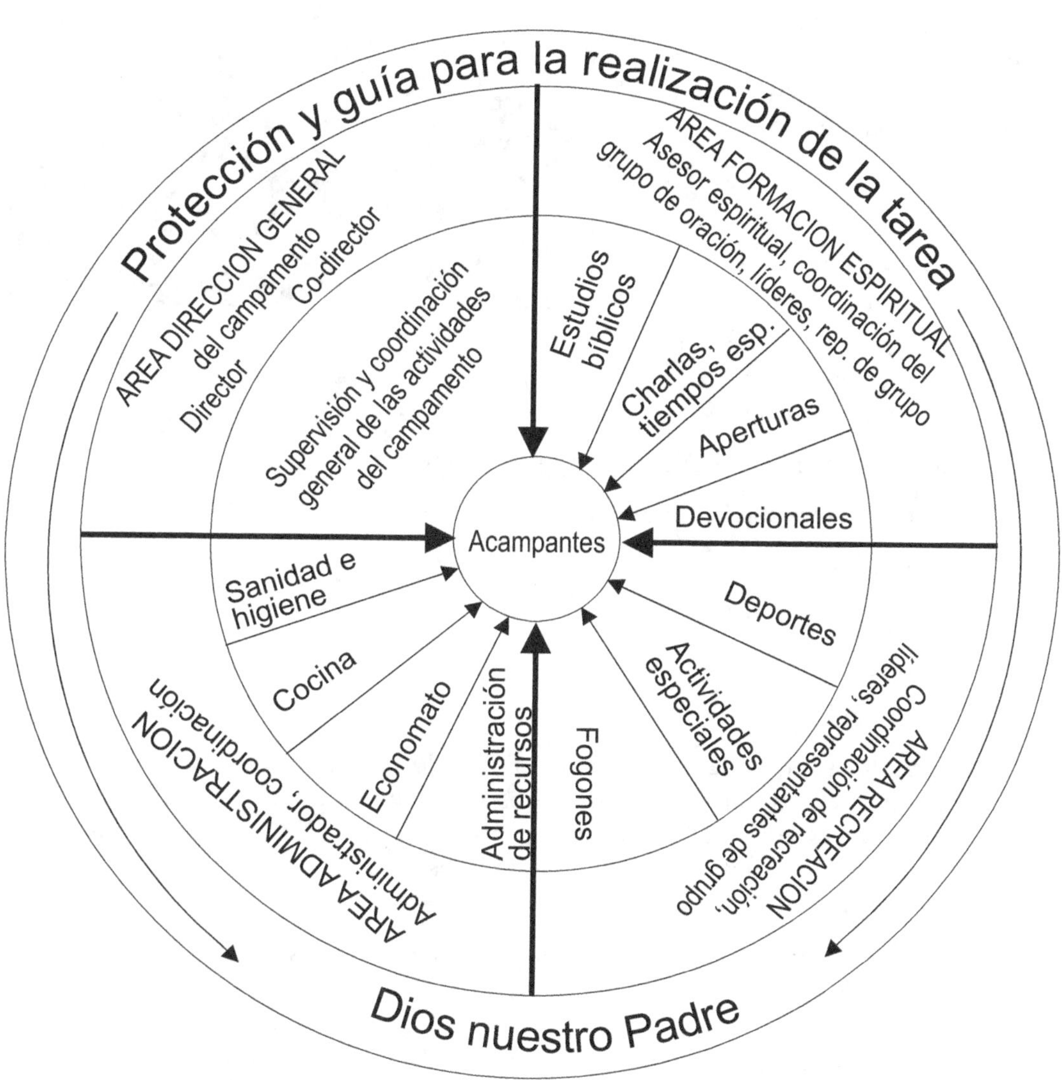

U_n "organigrama" es una representación gráfica de las áreas que se integran en el programa del campamento. Es importante elaborarlo porque permite visualizar sin dificultad como está organizado. A continuación sugerimos un modelo.

La tarea se organiza en distintas áreas:

En el centro incluímos al acampante, porque es la razón de ser del campamento. Todo se programa atendiendo a sus necesidades, intereses, posibilidades y limitaciones.

Alrededor de todo está Dios, quien guía y proteje todo el proyecto.

Las demás áreas son las siguientes:

⇨ Dirección general.

⇨ Formación espiritual.

⇨ Recreación.

⇨ Administración.

Se adopta este tipo de organigrama, indicando las áreas y las funciones de cada miembro del equipo, porque consideramos importante que todo se realice en forma armónica. Se espera que cada uno asuma su rol y desempeñe la tarea con responsabilidad, teniendo en cuenta que todo es para la gloria de Dios y no de las personas.

Los roles que se destacan en el organigrama son los siguientes:

Director:

⇨ Es el responsable de supervisar y coordinar las distintas áreas, delegando responsabilidades a los demás miembros del equipo de trabajo.

⇨ Vela para que se logren los objetivos propuestos para el campamento.

⇨ Aplica sanciones disciplinarias, en el caso que sea necesario, en común acuerdo con los coordinadores de áreas y codirectores.

⇨ Asume un liderazgo de tipo democrático (del cual hablaremos más adelante). Estimula la camaradería, el respeto y la responsabilidad en todo el equipo de trabajo.

Codirector:

⇨ Es el apoyo directo del director, para que éste pueda desempeñar adecuadamente su rol. El director le delega las tareas que considere convenientes.

⇨ Asume un liderazgo de tipo democrático favoreciendo la camaradería, el respeto y la responsabilidad, y reemplaza al director en su ausencia.

⇨ Es importante la figura del codirector por dos razones: A veces el número de acampantes y personal es tan numeroso que la tarea de conducción es muy difícil para una sola persona. Es una buena forma de ir capacitando a posibles futuros directores.

Asesor pedagógico espiritual:

✓ Durante el campamento asesora y orienta permanentemente a los maestros, los líderes de grupo, los consejeros, en todo lo relacionado con los temas de los devocionales, las lecciones, etc.

✓ Orienta lo relacionado con la enseñanza espritual en las actividades especiales que se organicen (Mesas redondas, talleres, charlas, fogones, etc.).

✓ Apoya en la solución de problemas especiales, ya sean de adaptación o de disciplina, para evitar la aplicación de sanciones.

✓ Estimula un clima de camaradería, responsabilidad y respeto en el equipo de trabajo. Asume un liderazgo de tipo democrático.

✓ Trabaja en estrecha relación con el director y sirve de apoyo para su desempeño.

Maestro-Consejero:

✓ Su responsabilidad directa es cuidar y orientar a los acampantes a su cargo.

✓ Debe crear un clima de camaradería y respeto en su grupo.

✓ Estimula la participación responsable e integración de los asistentes.

✓ Vela por la conversión del campamentista no creyente.

✓ Debe asumir un liderazgo de tipo democrático y apoyar en todo lo que sea necesario para el normal desenvolvimiento del campamento.

Coordinador de recreación:

✓ Es el responsable de coordinar todas las actividades que se refieren a la recreación.

✓ Vela por el cuidado y orientación del grupo.

✓ Estimula la participación responsable e integración de los asistentes.

✓ Debe asumir un liderazgo de tipo democrático y apoyar al director para facilitar la conducción del campamento.

Representantes de grupo:

✓ Son elegidos por sus pares.

✓ Son los encargados de trasmitir inquietudes y propuestas del grupo a los responsables de la conducción del campamento.

✓ Deben estimular la participación de los campamentistas para crear un clima de camaradería y responsabilidad que favorezca el desarrollo normal de las actividades.

Administrador:

✓ Es el responsable de administrar los recursos financieros y cobrar la inscripción a los campamentistas.

✓ Provee todo lo necesario para la alimentación e higiene de las instalaciones del campamento.

✓ Coordina, en común acuerdo con el director, las tareas previas al campamento, de cocineros y ayudantes, la elaboración del menú y dietas, en el caso que sea necesario.

✓ Provee todo lo necesario para la protección de la salud de los campamentistas, orientado por el médico encargado.

En síntesis, hay cuatro coordinadores:

⇨ El Director, coordinador general.

⇨ El asesor pedagógico-espiritual.

⇨ El coordinador del área recreación.

⇨ El administrador.

Es importante que los cuatro trabajen en forma integrada para que la tarea se realice sin dificultades.

Si cada uno tiene en claro su rol, se evitan confusiones.

Los coordinadores de área sirven de apoyo al director, y él delega en ellos responsabilidades según lo considere conveniente.

Es importante realizar reuniones de personal para hacer una evaluación constante y programar la marcha del campamento. De esta manera pueden detectarse problemas y solucionarlos mientras determinan el desarrollo normal del campamento.

Es esencial que cada campamento cuente con un grupo de oración que apoye la tarea, orando durante su programación y desarrollo. Es la manera de asegurar que el campamento sea efectivo, logrando cambios en cada campamentista.

Cronograma:

Un cronograma nos indica cómo se distribuye el tiempo asignado para las distintas actividades. De esta manera se pueden aprovechar al máximo las horas del día, dado que el campamento, o retiro, es de corta duración.

Esto de ninguna manera significa rigidez. Todo lo contrario, se programa todo para evitar improvisaciones. Es la manera de evitar el desgaste de energías y esfuerzo, lo cual puede provocar indisciplina o sentimientos de fracaso, al no lograr los objetivos seleccionados para el campamento.

Hay que distribuir muy bien las actividades, tomando en cuenta las necesidades básicas de los acampantes, tanto para la descarga de energías como para el descanso para reponerlas.

Conviene elaborar un *horario diario básico*, donde se equilibren bien las actividades y se contemple toda la variedad posible de tareas. Durante el campamento se pueden introducir modificaciones según las necesidades que surjan.

Cada tipo de campamento, según las edades, características de los asistentes, lugar, duración y estación del año, requiere un horario diferente.

A continuación incluímos un modelo.

Horario:

7,00 Se levanta el personal.

7,15 Devocional para el personal (en conjunto, donde se utilizan algunos momentos para dar indicaciones importantes).

7,45 Se levantan los acampantes.

8,15 Devocional para acampantes con orientación del maestro, consejero, etc.

8,30 Desayuno.

9,00 Limpieza.

9,30 Reunión de alabanza.

10,00 Clase bíblica o estudio bíblico.

11,00 Recreación.

12,30 Almuerzo y limpieza.

13,30 Descanso. Tiempo libre.

14,30 Recreación (Natación u otras actividades).

17,00 Merienda.

17,30 Recreación.

19,00 Higiene personal.

20,00 Historia misionera, charlas sobre temas especiales.

21,00 Cena y limpieza.

22,00 Fogón u otra actividad especial.

23,00 Higiene personal y devocional con el maestro o consejero.

24,00 Descanso.

Organización en grupos del contigente de campamentistas:

Hay distintos criterios acerca de cómo armar estos grupos, y señalamos algunos a modo de sugerencia.

En primer lugar, se debe tener en cuenta el tipo de campamento o retiro porque en función de ello se armarán los grupos.

Campamento para niños:

Se pueden organizar los grupos de la siguiente manera:

✓ Edad y sexo.

✓ Barrio o lugar de procedencia.

✓ Clases mixtas o no.

Campamento para pre-adolescentes, adolescentes o jóvenes:

Se puede adoptar el mismo criterio, pero los grupos para el desarrollo de temas pueden ser mixtos.

Campamento para mujeres u hombres:

La organización de los grupos es más libre, pero siempre se debe tender a la integración de todos, para estimular la participación e interrelación.

El campamento cumple una función importante en la socialización de los asistentes. Con este criterio hemos indicado unas sugerencias en lo que se refiere a la organización de los grupos. No son los únicos, pero si significativos para favorecer la integración.

Los grupos deben estar organizados antes que comience el campamento para facilitar el ingreso al mismo. Y el personal debe conocer la distribución de los campamentistas para organizar las actividades según las edades, características y necesidades detectadas. La ficha de inscripción posibilita tener la información requerida para determinar la ubicación de los campamentistas.

SEIS

El reglamento del campamento

Todo campamento debe tener un reglamento, que establece las pautas y normas fundamentales de convivencia. Sirve para clarificar el rol que se espera de cada miembro del equipo y, como consecuencia, mejorar las relaciones interpersonales, sin coartar su libertad.

El Director debe:

⇨ Revisar las instalaciones, asegurándose que no falten los elementos necesarios (cocina, baños, dormitorios, agua en los tanques, etc.).

⇨ Organizar el contingente de acampantes en grupos.

⇨ Revisar con los coordinadores de área el programa general del campamento.

⇨ Reunirse con todo el personal previo al campamento para dar indicaciones pertinentes.

⇨ Realizar una reunión con todo el personal la noche anterior al comienzo del campamento, si es posible en las instalaciones, para ultimar detalles.

⇨ Recibir a los acampantes.

⇨ Reunirlos: Darles la bienvenida. Presentar al personal que trabajará explicitando brevemente la función de cada uno. Establecer las normas básicas.

⇨ Leer los nombres de los integrantes de los grupos para que se ubiquen con sus maestros, líderes o consejeros. Orar pidiendo la bendición de Dios.

⇨ Indicar la ubicación de las habitaciones de cada grupo.

⇨ Dirigir el devocional del personal.

⇨ Coordinar las reuniones de personal.

⇨ Empezar el día y cerrar el día con una breve reflexión.

⇨ Participar, en la medida de lo posible, en las reuniones o encuentros de todo el grupo para interiorizarse de la marcha del programa de educación bíblica, la recreación y otros aspectos que sean importantes.

⇨ No tomar ninguna decisión importante sin haberla consultado con los coordinadores de área.

⇨ Estimular el cuidado de los elementos de trabajo e instalaciones del campamento.

⇨ Revisar con el codirector las instalaciones cuando finaliza el campamento.

⇨ Evaluar con el codirector y asesor pedagógico-espiritual al personal del campamento y la marcha del programa cuando finaliza el mismo, y anotar sugerencias para los próximos años.

⇨ Realizar una reunión de evaluación con todo el personal, donde se elaborará una síntesis de opiniones, que servirán para mejorar los próximos campamentos.

El Codirector debe:

⇨ Asistir a las reuniones de personal que se realicen antes de comenzar el campamento.

⇨ Asistir, junto con todo el personal, al campamento la noche antes que empiece el mismo.

⇨ Respetar las normas señaladas para el director.

⇨ Actuar de acuerdo con lo que le sugiera y delegue el director.

⇨ No tomar ninguna decisión sin consultar con el director.

⇨ No debe autorizar nada sin consultar con el director.

⇨ Asistir a los devocionales y reuniones citadas por el director.

El Asesor pedagógico-espiritual debe:

⇨ Asistir a las reuniones del personal donde se planifique el programa.

⇨ Asistir a la reunión que se realiza la noche anterior al comienzo del campamento.

⇨ Ponerse de acuerdo con el director para clarificar los roles de cada uno, para evitar superposición de los mismos. Un paso necesario para evitar confusiones que interfieren con las relaciones interpersonales.

⇨ No tomar ninguna decisión importante sin consultar con el director.

⇨ Asistir a los devocionales y las reuniones de personal citados por el director.

⇨ Coordinar las reuniones de personal relacionadas al aspecto pedagógico espiritual.

⇨ Orientar permanentemente al personal para aclarar dudas, inquietudes, pero sin coartar la libertad y creatividad de los maestros consejeros.

⇨ Organizar, en común acuerdo con los maestros, concursos que estimulen actitudes positivas, evitando la competencia negativa entre los grupos. Busca estimular la solidaridad, el espíritu de cooperación y la participación responsable.

⇨ Evaluar en conjunto con el director la marcha del campamento y el desempeño del personal.

El Coordinador de recreación debe:

⇨ Respetar las normas señaladas para el codirector y asesor pedagógico espiritual.

⇨ Orientar al personal en todo lo que se refiere a la recreación.

⇨ Aconsejar y apoyar a todo campamentista que tuviere algún problema.

⇨ Atender a la diversidad para favorecer la integración de todos los acampantes.

El Maestro-Consejero debe:

⇨ Asistir a todas las reuniones previas al campamento.

⇨ Ingresar al campamento la noche anterior a su comienzo para participar de la reunión de personal.

⇨ Asistir al devocional para el personal y las reuniones que cite el director.

⇨ Realizar el devocional con sus alumnos.

⇨ Acompañar a sus alumnos en todas las tareas propias de un campamento.

⇨ Sentarse con su grupo en las horas de la comida.

⇨ Estar disponible para auxiliar, apoyar o aconsejar según las circunstancias, aún en sus momentos libres.

⇨ Acompañar a sus alumnos a la hora de dormir y cerrar el día con una oración.

⇨ Respetar la hora de apagar las luces.

⇨ No abandonar el dormitorio sin previa autorización del director.

⇨ Entregar la ficha de seguimiento de sus alumnos cuando finalice el campamento.

⇨ Devolver el material didáctico al asesor pedagógico-espiritual, ordenado y completado, cuando finalice el campamento.

El Acampante debe:

⇨ Respetar el programa y horario establecidos.

⇨ No retirarse del campamento sin autorización del director.

⇨ Participar de todas las actividades programadas.

⇨ Ser puntual en todas la actividades.

⇨ Obedecer las indicaciones señaladas para todo el grupo.

⇨ Aceptar las sugerencias que se le den a nivel personal.

⇨ No cambiarse del grupo asignado.

⇨ No dañar las instalaciones ni la naturaleza.

⇨ Respetar las horas de silencio y no molestar a quienes deseen descansar.

El Personal de la cocina debe:

⇨ Participar de los devocionales para el personal y de las reuniones que les indique el director.

⇨ No permitir el ingreso de los acampantes a la cocina en los horarios que no corresponden.

⇨ No realizar excepciones con nadie, en lo que se refiere a concesiones especiales.

⇨ Preparar dietas adecuadas para aquellos que así lo requieran por razones de salud.

⇨ Elaborar junto con el director el menú del campamento; no introducir modificaciones sin la autorización del director y del administrador.

⇨ Realizar el inventario de los elementos de la cocina, cuando ingresan al campamento y al finalizar.

⇨ Dejar en perfecto orden la cocina cuando finaliza el campamento.

El Responsable del botiquín debe:

⇨ Auxiliar a toda persona que así lo requiera.

⇨ Comunicar al director de casos especiales que se presenten.

⇨ Respetar las indicaciones referente a la medicación que deban recibir los campamentistas, recetada por su médico de cabecera.

⇨ Consultar con el médico del campamento antes de recetar cualquier remedio especial.

SIETE

El personal del campamento

El ministerio del campamento es muy importante para la iglesia. Como consecuencia, toda persona que desee desempeñarlo debe replantearse cómo está su situación con Dios. No se puede dar lo que uno no posee. No se puede trasmitir una vida que no se vive. No se puede posibilitar el encuentro con Dios y Jesús, si no se tiene una íntima relación con el Padre celestial.

Un verdadero discípulo de Jesús trasmite mucho más con las actitudes y gestos que con grandes discursos.

La misión es bien clara: se debe estimular la formación de niños, adolescentes y jóvenes, para que lleguen a ser auténticos cristianos, velando, sobre todo, por un encuentro con Cristo como Salvador y Señor de su vida.

La actitud que se asuma frente al grupo posibilitará o no una correcta conducción. Cada uno debe tener bien claro el rol que ha de desempeñar, según el cargo asignado.

La tarea no es fácil, pero si se la pone en las manos del Señor al asumir la responsabilidad, todo es posible. Como afirmó Pablo en Efesios 4:12: "Así preparó a los del pueblo santo para un trabajo de servicio para la edificación del cuerpo de Cristo".

Efesios 3:20: "Y ahora, gloria a Dios, que puede hacer muchísimo más de lo que nosotros pedimos o pensamos, gracias a su poder que actúa en nosotros".

El personal además de revisar su situación espiritual personal y capacitarse, debe poseer una serie de características. Algunas son naturales y otras se adquieren.

Perfil del personal

El personal debe poseer capacidad para:

✓ Organizar y concretar una tarea.

✓ Comunicarse con el otro.

✓ Conducir grupos.

✓ Planificar, concretar acciones y tomar decisiones.

En lo que se refiere a lo afectivo espiritual debe poseer:

✓ Optimismo.

✓ Sentido del humor.

✓ Equilibrio para tomar decisiones.

✓ Apertura hacia el otro.

✓ Disposición para comunicarse con el otro.

✓ Amor por el otro.

✓ Disposición para centrarse en el otro (espíritu de servicio).

✓ Discreción.

✓ Perseverancia.

✓ Responsabilidad.

✓ Justicia en el ejercicio de la autoridad.

✓ Objetividad para evaluar situaciones.

✓ Capacidad de auto evaluación.

✓ Sólida preparación pedagógica espiritual.

✓ Íntima relación con su Señor (vida devocional).

✓ Sólidos conocimientos bíblicos (base doctrinal firme).

✓ Claro conocimiento de su misión espiritual relacionada con el campamento. Se asume un compromiso con Dios, su grupo, la familia quien deposita confianza en él y el equipo de trabajo.

✓ Comunión plena con su iglesia.

✓ Experiencia en lo que se refiere a liderar grupos (Hora Feliz, Clase Bíblica, Escuela Dominical).

Además de lo mencionado debe gozar de buena salud, lo cual le permitirá desempeñarse con eficiencia.

Personal y Liderazgo

Cada miembro del equipo debe asumir el rol del líder, y no sólo desempeñar el cargo que se le ha asignado.

El rol del líder es orientar, conducir al grupo hacia una meta.

Entre las principales funciones que cumple el líder podemos destacar las siguientes:

⇨ **Iniciar:** Esto significa poner en marcha al grupo, definiendo los objetivos y procedimientos, clarificando normas, etc.

⇨ **Regular la acción**: Influir sobre el ritmo del grupo cuando realizan las diferentes actividades. Debe poner los límites necesarios para evitar el desgaste de energías o recursos, lo cual es perjudicial para la marcha del campamento.

⇨ **Informar**: Proveer la información necesaria para que el grupo tenga claro todo lo referido a lo que se va a realizar y por qué.

⇨ **Apoyar:** Sostener el desarrollo de las actividades, creando el clima necesario. Para ello debe armonizar, alentar, conciliar, etc.

⇨ **Evaluar:** Ayudar al grupo a evaluar la toma de decisiones, los resultados logrados, las relaciones interpersonales; y de acuerdo con ello, modificar lo que sea necesario.

Tipos de liderazgo:

Existen distintos tipos de liderazgo, como por ejemplo:

✓ Autoritario.

✓ Paternalista.

✓ Dejar hacer.

✓ Democrático o participativo.

Cada estilo de liderazgo tiene sus propias características:

Autoritario:

Toma todas las decisiones sin consultar. Da órdenes, fija normas, planifica la tarea, actúa en forma rígida, sin posibilitar la discusión. Ejerce una fiscalización constante sobre las actividades. Su máxima preocupación es el orden y una disciplina muy estricta. Se preocupa demasiado por el desarrollo y crecimiento del grupo.

Paternalista:

Es un tipo de liderazgo autoritario disfrazado, ejerce todas las funciones, pero lo hace en forma amable. Permite discusiones pero al final impone sus decisiones, alegando que lo hace por el bien del grupo.

Los miembros no deciden, no asumen decisiones o responsabilidades. El paternalismo genera la inmadurez del grupo.

Dejar hacer:

No asume la función de liderazgo, por lo tanto, no orienta, no conduce. Su actitud es apática, no tiene objetivos claros, no toma decisiones y no ayuda para que otros las tomen. No alienta, y produce desorientación en el grupo.

Democrático o participativo:

La función de liderazgo es compartida. Se orienta,se ayuda, se estimula a la participación responsable.

Los miembros del grupo, en la medida de lo posible, colaboran en la planificación de las actividades y evaluación de los logros.

Se elogia y se critica objetivamente. Se confía en la capacidad de cada miembro del grupo. Antes de tomar decisiones se consulta y se pide opiniones.

Este tipo de liderazgo posibilita que el personal y los campamentistas se motiven para realizar las distintas tareas. Con ello se logra un mayor nivel de comunicación e integración, y disminuye la indisciplina. Se favorece el desarrollo personal del grupo.

Liderazgo, autoridad y disciplina en el campamento:

Existen confusiones con respecto al término *autoridad*. Vamos a pensar en algunos conceptos importantes y necesarios.

La autoridad no es abuso de poder, sino por el contrario, es la ascendencia natural que el líder logra sobre su grupo como consecuencia de sus condiciones personales de liderazgo. Es fruto de sus conocimientos relacionados con la tarea que debe desempeñar y de su vida ejemplar.

La autoridad, desde esta perspectiva, significa el uso adecuado del poder. Es decir, la influencia que se ejerce sobre el otro con intenciones positivas que tienden a favorecer el crecimiento y desarrollo del otro como persona libre y responsable.

El líder no debe hacer lo que quiere con su autoridad, sino lo que corresponde. Si no, se cae en un autoritarismo, el cual es negativo para el manejo de las relaciones interpersonales.

La autoridad bien aplicada permite realizar aprendizajes que tienden al uso progresivo de la libertad, permitiendo aprender de los propios errores y superarlos.

Esto no significa que se hace lo que se quiere, sin respetar ninguna norma. Todo lo contrario, porque los aprendizajes que se realizan posibilitan asumir responsabilidad y compromiso, la obligación moral que asume un ser libre es frente a sí mismo y a los demás.

Lo que torna válida a la autoridad es que se ejerce para beneficio del otro. Si no es así, se comete abuso.

No hay contradicción entre la autoridad y la libertad. Si los miembros del grupo se dan cuenta de que el líder los quiere y respeta, aunque a veces reaccionen negativamente ante una norma o sanción, interiormente están convencidos que todo eso se hace por su bien.

Debe estar bien claro cual es el equilibrio entre lo que está permitido y lo que no se debe hacer, para que no surjan problemas de disciplina. Se lo logra mediante el diálogo constante entre el líder y el acampante.

El ejercicio de la autoridad, para lograr la disciplina, no necesita de gritos, ni depende de los estados de ánimo del líder.

El líder estimula los logros y actitudes positivas para así posibilitar el consenso y los acuerdos en situaciones que deben ser resueltas. De esta manera, todos tienden a alcanzar el objetivo fundamental que es la armonía, la integración del grupo, sin que se pierda el respeto por la individualidad del otro.

La ***disciplina*** es fundamental para el buen funcionamiento del campamento. Posibilita el orden y define los límites necesarios para realizar diferentes tareas, cumplir horarios, respetar normas, etc.

Es el resultado de aprendizajes que permiten pasar naturalmente de la disciplina impuesta en forma externa a la auto disciplina. Así se alcanza el dominio personal de impulsos que a veces generan actitudes negativas y conducen al desorden. Como consecuencia de esto se logra el uso responsable de la libertad y, por ende, favorece la convivencia positiva, lo cual permite alcanzar los objetivos propuestos para el campamento.

Capacitación del personal

La tarea de planificar y participar en un campamento es muy gratificante por los resultados que se logran. De ahí la importancia que tiene la capacitación del personal en forma adecuada para poder desempeñar su rol sin dificultades.

En cuanto a lo ***pedagógico***, el equipo de trabajo debe conocer con claridad qué es un campamento y sus objetivos. Necesita saber manejar recursos didácticos (metodologías y técnicas) que se adapten a la edad y necesidades del acampante. Son herramientas que le servirán de ayuda para su conducción, orientación y apoyo.

Pero a la vez no se debe dejar de lado el aspecto espiritual. Es una parte esencial de la base y del sostén a la tarea que realiza en el campamento.

La preparación *espiritual* debe posibilitar al personal a:

✓ Identificar qué obstáculos en su vida espiritual pueden interferir en el desempeño de su rol, y pedirle al Señor ayuda para modificar lo que sea necesario.

✓ Orar para que el Señor guíe y dé la capacidad necesaria para cumplir con el ministerio encomendado por Dios.

✓ Evaluar su capacitación en lo que se refiere al estudio e interpretación de la Biblia para poder relacionar sin dificultad las lecturas bíblicas y las lecciones, los devocionales, la alabanza, etc.

✓ Asumir el compromiso de servir al Señor y que todo lo que haga sea para su gloria.

Es indispensable que el personal se capacite antes de servir al Señor a través de este ministerio. Se sugiere que lo haga por medio de los cursos que realiza CCI (Campamentos Cristianos Internacional), organización dedicada a la capacitación y formación de líderes, LAPEN (Liga Argentina Pro Evangelización del Niño), o APEN

(Alianza Por Evangelización del Niño a nivel internacional).

En el caso de que no sea posible aprovechar estos recursos (CCI, LAPEN o APEN), se recomienda que cada iglesia organice cursos o talleres sobre la temática a cargo de personal especializado.

El programa de capacitación debe incluir la mayor cantidad posible de aspectos relacionados con las actividades propias de un campamento, lo cual permite tener una visión integral de este ministerio.

A continuación se sugiere un programa.

Programa de capacitación para el equipo de trabajo

Objetivos:

✓ Definir qué es un campamento.

✓ Juzgar la importancia del campamento.

✓ Determinar el rol de cada miembro del equipo y de los campamentistas.

✓ Juzgar la importancia de clarificar los roles y desempeñarlos correctamente.

✓ Apreciar la importancia de la planificación del campamento.

✓ Determinar con claridad y valorar los distintos momentos que componen el programa.

✓ Elaborar un programa básico para campamentos.

Contenidos:

El campamento:

✓ El ministerio educativo de la iglesia y el campamento.

✓ El significado y valor del campamento.

✓ Los objetivos, el concepto, los tipos y la elaboración.

✓ El organigrama y el cronograma (áreas, roles, funciones, actividades, horarios).

El líder del campamento:

✓ Concepto de líder y liderazgo.

✓ Tipos de liderazgo.

✓ El perfil del líder.

✓ El rol del líder.

La educación cristiana y el campamento:

✓ Programa de educación cristiana: devocionales, alabanza, lecciones bíblicas, historias misioneras, estudios bíblicos, talleres.

✓ La educación sexual como parte del programa, concepto de educación sexual, estrategias para su implementación.

✓ Pautas para elaborar un programa acorde a la edad y necesidades de los acampantes.

La recreación en el campamento:

✓ Concepto y valor de la recreación.

✓ Tipos de actividades.

✓ Pautas para la elaboración del programa de manera tal que se relacione con el programa general del campamento.

✓ La creatividad y las actividades plásticas.

✓ Pautas para elaborar un programa adecuado a los acampantes.

✓ El teatro como recurso fundamental, pautas para organizar representaciones.

✓ Pautas para organizar talleres relacionados con plástica y teatro como parte del programa general.

La alabanza en el campamento:

✓ Concepto y valor de la alabanza.

✓ Pautas para elaborar un programa de acuerdo con la edad y necesidades de los acampantes, y con la temática general del campamento.

La administración y el campamento:

✓ Concepto de administración y su aplicación a la tareas propias del campamento: Materiales, presupuestos, costos, recursos, estrategias para recaudar fondos.

✓ Tipo de menú de acuerdo con la edad y necesidad de los acampantes.

✓ Programa para el mantenimiento de las instalaciones.

✓ Recursos humanos.

El programa tiene una duración aproximada de 40 horas.

Las *reuniones previas* a la realización del campamento, donde se tratan temas específicos en relación al mismo, son un complemento fundamental de estos cursos.

Es conveniente hacer varias reuniones, ya que la planificación del campamento se debe realizar en equipo. Esto permitirá interiorizarse de todo el programa e introducir los cambios que fueren necesarios antes de comenzar. Y durante el desarrollo del campamento le permitirá superar, sin dificultades, los imprevistos que surjan.

OCHO
La evaluación del campamento

La evaluación nos permite determinar la marcha del campamento y apreciar los resultados logrados.

Evaluación significa la apreciación cualitativa y no sólo cuantitativa. Es decir, no sólo se mide la cantidad sino también la calidad del esfuerzo. Tiene que ver con lo siguiente:

- ✓ Actitudes (disposición personal para realizar algo, tomar decisiones, resolver situaciones problemáticas).

- ✓ Habilidades para programar y realizar algo.

- ✓ Destrezas manuales.

- ✓ Forma de relacionarse con los demás, para testificar, colaborar, servir, apoyar o ayudar al otro.

- ✓ Aplicar lo aprendido.

La evaluación permite detectar en qué se ha fallado en la conducción de los grupos y del campamento en general. Es decir, no sólo se considera al acampante, sino a todo el equipo de trabajo. También permite examinar cómo se desempeñó cada uno en su rol y las estrategias didácticas utilizadas. Es muy positivo para la organización de nuevos campamentos.

La evaluación, se realiza *antes* (diagnóstico relacionado con toda la planificación), *durante* el transcurso y *después* del campamento (verificación de los resultados alcanzados).

En resumen, la evaluación debe ser:

Contínua: se efectúa antes, durante y después del campamento.

Integral: considera todas las áreas de la persona (física, socio-afectiva, intelectual y espiritual).

Flexible: se adapta al grupo que asiste al campamento (equipo de trabajo y campamentistas), teniendo en cuenta las experiencias vividas, ya sean las planificadas o las que surgen en forma espontánea.

Instrumentos para evaluar

La observación

La ***observación*** es un instrumento importante para evaluar. Hace falta considerar detenidamente todo lo que ocurre en cuanto a:

✓ Relaciones interpersonales.

✓ Desempeño de roles.

✓ Realización de tareas.

✓ Logros alcanzados por los acampantes.

✓ Cambios en las actitudes, toma de decisiones relacionadas con la vida espiritual tanto del personal como de los campamentistas.

Para que la observación sea eficaz, debe ser ordenada y permanente.

La observación permitirá realizar, sin dificultad, la evaluación final, luego que finalice el campamento.

El maestro, consejero o líder, evalúa a su grupo.

El director, junto con el codirector y el asesor pedagógico espiritual, evalúan a todo el personal. Elaboran además una síntesis de todo lo ocurrido para presentar en la reunión final. En ella se señalan aspectos positivos y negativos que hay que superar para mejorar el próximo campamento, cosas que se deben tener en cuenta cuando se planifique el próximo campamento.

A continuación se presentan, a modo de sugerencia, criterios para organizar una ficha de evaluación del acampante:

1 - Evaluación del acampante:

Nombre:... Edad:.........................

Escolaridad:... . Dirección:..

Iglesia/ Hora Feliz a la que asiste:..

Campamento, Retiro (Fecha):..

Maestro,   Consejero:..

Director:..

.

Antecendentes familiares significativos:..

Participación e integración durante el campamento:..

Actitudes especiales (positivas o negativas):..

Desarrollo espiritual observado: consignar cambios observados, decisiones tomadas, etc.

2 - Evaluación del personal:

✓ Consignar cómo desempeñó su rol.

✓ Actitudes positivas para destacar y negativas que debe superar.

✓ Espíritu de servicio y de trabajo en equipo.

✓ Aportes que brindó para el buen funcionamiento del campamento.

3 - Evaluación general del campamento (realizada por grupo) en una reunión general:

Aspectos para tener en cuenta:

⇨ **Organigrama.** Señalar si sirvió para apoyar a las relaciones interpersonales. Si evitó la superposición de roles.

⇨ **Constitución del equipo de trabajo**, si fue adecuada o no.

⇨ **Cronograma.** Destacar si se adaptó a la edad y características del grupo. Dificultades observadas.

⇨ **Recursos humanos,** suficientes o no.

⇨ **Edad del personal**, si estaba o no de acuerdo con el grupo de asistentes.

⇨ **Programa del campamento** en lo que se refiere a devocionales, alabanza, lecciones, estudios bíblicos, historia misionera, u otro aspecto que integre al programa según los acampantes que asistieron.

⇨ **Señalar si hubo una adecuada relación entre la temática general del programa y la tratada** a través de los distintos momentos del programa, y si permitió lograr los objetivos.

⇨ **El programa** fue actualizado, creativo, dinámico o no.

⇨ **El programa** se adaptó al grupo o no.

⇨ **Recreación.** Determinar aspectos positivos y negativos del programa, dificultades para su implementación.

⇨ **Recursos económicos y materiales**, adecuados y suficientes. Señalar aspectos negativos y positivos. Determinar si se observan dificultades motivadas por las instalaciones y elementos de trabajo.

⇨ **Elaborar sugerencias para la organización de próximos campamentos.**

Datos de la Autora:

Estela Miserere de Bardiz:

Maestra de educación básica.

Profesora de Filosofía, Pedagogía y Ciencias de la educación (Ex docente de Nivel Terciario) y directora de escuela.

Instructora de LAPEN (Liga Argentina Pro Evangelización del Niño).

Ha sido Profesora en la Escuela Bíblica (Villa María) de:

- ✓ Ministerio Educativo de la iglesia.
- ✓ Asesoramiento Pastoral.

Ha dictado cursos sobre Planificación de campamento y capacitación.

Ha sido maestra de escuela dominical, horas felices y campamentos y asesora pedagógica espiritual de campamentos.

Actualmente coordina el Departamento de Horas Felices en su iglesia en Bell Ville.

Es miembro de la Comisión Nacional de CCI (Campamentos Cristianos Internacional).

Tallerista expositora en eventos de CCI .

Tallerista expositora en eventos de Lapen.

Colaboradora de la Red Viva (abocada a niños en situación de riezgo).

Expositora en Ecuador (Clade IV) Consulta sobre la niñez en situación de riesgo, (Red Viva).

Ha publicado :

Manual sobre "Creatividad en la planificación" y "El niño con necesidades especiales" (Ediciones Crecimiento Cristiano),1993 y 1994.

Bibliografía sugerida

Campaña, Eduardo y otros, *Manual para facilitadores* (Educación sexual y salud reproductiva), Consejo Latinoamericano de Iglesias, marzo 2000, Ecuador.

Fausto Ré, *Campamentos*, Lapen, 2001.

Rosidalia Vargas, compilador, *Hacia una Pastoral Juvenil,* Siglo XXI, Edtorial Clie, 1999, Costa Rica.

Luna G., *Hacia una administración eficaz*, Editorial Betania , 1999.

Rush M. Liderazgo, *Un enfoque cristiano,* Editorial Unlit, Miami,1983.

Miserere de Bardiz, Estela, *Creatividad en la Planificación*, Ediciones Crecimiento Cristiano, 1994.

Miserere de Bardiz, Estela, *El niño con necesidades especiales*, Ediciones Crecimiento Cristiano, 1993.

Adams, Jay E., *Capacitado para orientar*, Publicaciones Portavoz Evángelico, Michigan,1986.

Jeter, Luisa, *Administradores Fieles*, Ed. Vida, 1982.

Otros títulos disponibles

EC2 - CREATIVIDAD EN LA PLANIFICACIÓN

Sin ninguna duda el maestro sabio prepara bien sus clases antes del encuentro con sus alumnos. Este manual explora las dimensiones esenciales de la buena planificación.

EC3 - CRECER COMO MAESTRO

Un cuaderno de estudio que apunta hacia la excelencia en la enseñanza. Combina la teoría con la práctica y es ideal para la preparación de maestros para su iglesia.

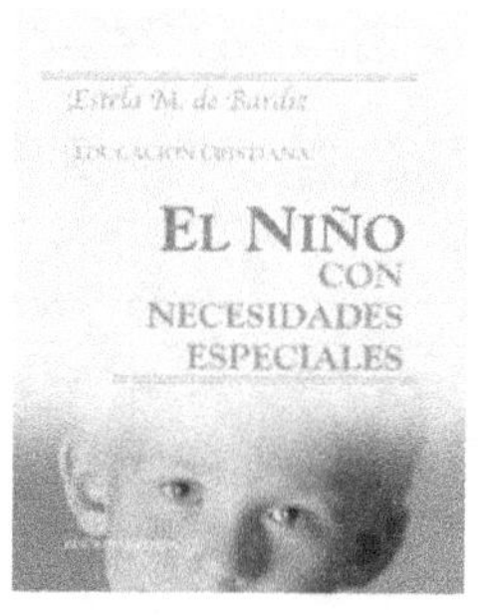

EC1 - EL NIÑO CON NECESIDADES ESPECIALES

Este manual apunta a la problemática del niño discapacitado, y cómo organizar un programa de Educación Cristiana en la iglesia.

Se terminó de imprimir en los

Talleres Gráficos de

Ediciones CC

Córdoba 419 - Villa Nueva, Pcia de Córdoba

IMPRESO EN ARGENTINA